... ein Tagewerk

D1674495

Klaus-Dieter Mayen

so war es damals, das Leben im Rheinischen Schiefergebirge

... ein Tagewerk

Erinnerungen in Wort und Bild

Band II

Verlag Veronika Mayen

Die verwendeten Aufnahmen spiegeln ein Bild des Alltäglichen wider; zumeist aus der ersten Hälfte des letzten Jahrhunderts.

Neben vielen Privataufnahmen aus dem Rheinischen Schiefergebirge sind es im weiteren Aufnahmen der Fotografen

Heinrich Esch aus Nürburg/Eifel
Otto Conrad aus Sobernheim/Bad Kreuznach
Ellen Traubenkraut aus Ettringen/Eifel
Peter Weller aus Gebhardshain/Westerwald
Matthias Welling aus Düngenheim/Eifel
Alois Linden aus Buch/Hunsrück

Quellenangabe Band III

Die Deutsche Bibliothek – CIP Einheitsaufnahme

... ein Tagewerk, so war es damals, das Leben
im Rheinischen Schiefergebirge
Erinnerungen in Wort und Bild/Klaus-Dieter Mayen
Siershahn Veronika Mayen

Band II –1. Aufl.- 2000
ISBN 3-9807167-1-6

ISBN 3-9807167-1-6
Copyright Verlag Veronika Mayen, Siershahn
Alle Rechte vorbehalten.
Nachdruck, fotomechanische und sonstige
Wiedergabe, auch auszugsweise, ist nicht gestattet.
Autor: Klaus-Dieter Mayen
Layout: Manfred Trede/Kl.-D.Mayen
Satz und Druck: Werbedruck Schreckhase
Titelbild: Matthias Welling, im Besitz der Familie Brück, Düngenheim
1. Auflage 2000

Inhalt

Vorwort	7
Holzeinschlag in den Rheinischen Wäldern	9
Die Dreschmaschine kommt	17
Die Simmermacher	23
Reffträger, Landgänger und „Hoalegäns"	29
Ackersegen, Sieglinde & Co.	37
Rübenzeit	43
Winter auf den Höhen	47
..., und morgen gibt es „Wurschtsupp"	53
Brennholz und Schanzen	61
Brot aus dem Backes	69
Die Axt im Haus...	79
Vergeßt die Wiesen nicht	81
Der Sonntag auf dem Lande	85
Zum Tonstechen in die Gruben	93
Die Schule in den 30iger Jahren	97
Die Alten auf dem Lande	101

Vorwort

In den Erinnerungen spiegeln sich Zeiten und Menschen wider; (und) auch Fotografiegeschichte. Die in verschiedenen Teilen des Rheinischen Schiefergebirges beheimateten Fotografen dokumentierten u.a. Tätigkeiten, mit denen die Menschen bei gleichen oder ähnlichen Grundvoraussetzungen ihr Dasein bewältigten.

Die dabei für den jeweiligen Fotografen charakteristischen Aufnahmen zeigen häufig eine Distanz zu Personen, aber Details ihrer Tätigkeit. Nicht der Einzelne, sondern das Arbeitsverfahren als solches oder die Situation erschien ihm interessant und wichtig.

Die vielfach in den Beständen der Fotografen vorhandenen Portraits oder Familienaufnahmen waren eher „Auftragsaufnahmen", die möglicherweise zur Finanzierung der fotografischen Neigung dienten. Somit sind die Bestände der ausgewählten Fotografen ein Spiegelbild einer, weit über die Objekt- und auch der Typenfotografie hinausgehenden, umfassenden Epoche der Fofografiegeschichte in der ersten Hälfte des 20. Jahrhunderts.

Durch die Auswahl der verfügbaren Fotos ergab sich ein Gesamtbild des ländlichen Lebens in dem es natürlich neben dem Alltäglichen auch Höhepunkte im Jahresablauf gab.

Zu diesen „Festen" gehörte vor allem das Hausschlachten, früher ein Ereignis, daß die Menschen trotz aller Arbeit mit einer ungeheuren Erwartung herbeisehnten. Darüber hinaus erinnern die Aufnahmen in diesem Band an das Backen im Dorf, an den jährlichen Holzeinschlag für den heimischen Herd und u.a. an die vergessene Tätigkeit des Dreschens, an die Winter auf den Höhen, so wie die Winter einmal waren.

Die Bilddokumente und Beschreibungen mögen den älteren Generationen Erinnerungen wiederbringen und den Jüngeren das Leben, wie es damals war, aufzeigen.

Klaus-Dieter Mayen

Lange Zeit wehrten sich die Männer gegen den Einsatz der Bogen- oder Bauchsäge, mundartlich auch Trumm genannt. Bei deren Einsatz hätten weniger Menschen Arbeit im Wald gefunden. ... und so wurde weiterhin nach der Bibermethode gearbeitet.

Holzeinschlag in den Rheinischen Wäldern

Zu Anfang ein wenig Waldgeschichte. In den Eifel- und Westerwaldgebieten, ebenso im Taunus, war der Holzbestand durch die Eisenverhüttung der vergangenen Jahrhunderte drastisch zurückgegangen. Mangelhafte Forstwirtschaft der Landesherren sowie die z.T. ungezügelte Waldnutzung der Landbevölkerung hatten ebenso dazu beigetragen. Im 19. Jahrhundert wurde vermerkt, daß viele 1000 Morgen, wo sonst der schönste Buchen- und Eichenwald stand, wir aber jetzt mit traurigem Gefühl einen mittelmäßigen Niederwald erblicken oder noch öfters eine unproduktive Heide.

Nachdem sich ab 1814 die neuen Landesherren um eine Verbesserung der forstwirtschaftlichen Belange bemühten, wurden diese mit sehr unterschiedlichen Reaktionen aufgenommen. Im Westerwald und Taunus, nun zum Herzogtum Nassau gehörend, sahen die Menschen einen Sinn darin, die Höhen wieder gegen den Wind zu schützen und akzeptierten die Anlegung der sogenannten Schutzhecken in Form der Fichtenaufforstung.

Die Eifeler, nun preußisch geworden, leisteten Widerstand gegen die Aufforstung mit dem „Preußenholz", wie sie die Fichten nannten, sie wollten Buchen- , vor allem aber eine Eichenholzaufforstung für ihre Waldnutzung, um die Schweine zur Mast in den Wald zu treiben; zwar wurde später etwa ein Drittel mit Laubwald aufgeforstet, aber der Großteil blieb Nadelholz. Zur Durchführung dieser Aufforstungsmaßnahmen mußten die Förster teilweise militärischen Schutz erbitten, um die Arbeiten durchführen zu können, denn gegen dieses „preußische Holz" richtete sich der ganze Haß der Eifelbevölkerung.

Dabei verfolgte Preußen mit einer planvollen Forst- und vor allem Aufforstungspolitik das Ziel, durch eine Wiederbewaldung der Eifelhöhen ein ausgeglicheneres Klima zu schaffen, eine Voraussetzung für eine ertragreichere Landwirtschaft. Dafür eignete sich die schnellwachsende Fichte eben besser. Erst aus dem Jahre 1892 wird berichtet, daß nun allmählich der Übergang in eine geregelte Hochwaldwirtschaft beim Laubholz vollzogen sei.

Der Wald im Hunsrück dürfte sich, ebenso wie in den anderen Teilen des Rheinischen Schiefergebirges, in den ersten Jahrzehnten des 19. Jahrhunderts in einem heute schwer vorstellbaren Zustand befunden haben; schwer geschädigt durch die Holzverkohlung für die Eisenverhüttung und andere raubbauähnliche Nutzungsarten, wie die Waldweide.

„... und erinnerte jene Landschaft mit ihrer Einförmigkeit und Stille lebhaft an die ödesten Teile der schottischen Hochlande. Feuchtkalte Nebel entstiegen jahraus, jahrein den verheideten Böden und lagerten, eine Pflanzenpest, auf diesen Höhen, wochenlang."

Dennoch waren daneben in Teilen der Wälder, die sowohl von den Dörfern wie auch von den Eisen- und Glashütten weiter entfernt lagen, große Gebiete noch bis in das 19. Jahrhundert hinein von menschlichen Eingriffen fast unberührt geblieben, z.B. weite Teile im Inneren des Soonwaldes. – Auch hier erfolgte die Aufforstung unter den Preußen in erster Linie als Nadelholzaufforstung; die Gemeinden leisteten, wie in der Eifel, gegen den auch hier sogenannten „Preußenbaum" Widerstand.

Mit zweispännigen Langwagen und zwei Männern, um die vordere und hintere Bremse zu bedienen, transportierten sie das Fichtenholz zum Bahnhof.

Der Transport des Fichtenlangholzes zum Sägewerk erfolgte zum Teil über weite Strecken.
Aber solche Stämme wurden häufig auch zur Bahnstation befördert, wo sie auf Waggons umgeladen wurden.

Auch das Eichenlangholz mußte, nach dem Rücken mit den Pferden an den Wegrand, auf den Langholzwagen aufgelegt werden. Über schräggelegte Fichtenstämme rollten die Männer von Hand den Stamm bis an die Räder, wo dann erst das eine Stammende und dann die andere Seite mit vereinten Kräften aufgelegt wurde.

Auch hier wurde die Gegenwehr teilweise drastisch geführt: „...bewaffnete Bauern jagten in der Gegend von Simmern die gerade mit Nadelholzanpflanzung beschäftigten Kulturarbeiter aus dem Wald".

Wenn sich auch im Laufe der Zeit der Wald in seiner Holzartenzusammensetzung geändert hatte, für den Bauern waren sowohl Nadelstammholz als auch Laubholz immer sehr wichtig. Neben der Verwendung als Bauholz wurde noch ein Großteil des Holzes zu Einrichtungsgegenständen und im Wagen- und Gerätebau verarbeitet.

Ein Waldarbeiterquartett bei der wohlverdienten Pause. Ihr Mittagessen im doppelten Henkelmann wärmten sie sich zur Mittagszeit über einem Feuer.

Mit stabilen Wagen erfolgte der Transport der schweren Eichenstämme zum Sägewerk. Alle diese Fuhrwerke hatten wegen der großen Last auch Bremsen an den Vorderrädern.

Die Dampf-Lokomobile zog den Dreschkasten zu den Gehöften und trieb ihn über die Schwungscheibe mittels eines Flachriemens an.
Diese selbstfahrende Dampf-Lokomobile benötigte neben Brennstoff (Holz oder Kohle) zur Dampferzeugung auch Wasser und so wurde immer ein Stahl-Wassertank mitgezogen. Hier ist allerdings die Moselnähe erkennbar: das Fuder auf dem Ackerwagen ersetzte den Wassertank.

Die Dreschmaschine kommt

Um das Jahr 1900 erfolgte der Einsatz des Dreschkastens, der das bis dahin zeitaufwendige Dreschen von Hand ablöste. Notwendig war zu der damaligen Zeit, wo die flächendeckende Versorgung mit elektrischer Energie noch nicht gegeben war, der Transport und Antrieb durch eine Dampfmaschine oder später durch den Bulldogg, meist ein Lanz.

Aus Kostengründen wurden große und teure Maschinen, wie die Dreschmaschine, von Lohnunternehmern jeweils für ein/zwei Tage in einem Dorf zur Verfügung gestellt.

Damit hatte eine neue Entwicklung in der bäuerlichen Arbeitswelt begonnen, in der an sich alle Arbeiten selbst verrichtet wurden; das Lohndreschen.

Häufig war es ein zentraler Aufstellungsort, auf dem der Dreschkasten stand, und die Bauern fuhren mit ihrem Garbenwagen dorthin.

Im Winter wurde in der Tenne oder in der Scheune gedroschen. Nur bei großen Gehöften konnte die Maschine in die Tenne gefahren werden, ansonsten erfolgte der Drusch vor dem Gebäude.

Bei den ersten Dreschkästen wurde die Strohpresse noch dazugestellt. Auch ein Kaffgebläse war noch nicht eingebaut, so daß die Spreu noch von Hand in Körben weggeräumt werden mußte.

Arbeitsintensiv war das Dreschen weiterhin. Zwei bis drei Mann gaben vom Getreidestapel die Garben auf die Dreschmaschine an. Die Einleger schnitten die gebundenen Garben auf und verteilten sie fächerförmig und gleichmäßig in den Trommeltisch hinein, damit störungsfrei gedroschen werden konnte.

Zumeist arbeitete sich der Dreschkasten von Haus zu Haus durch, wenn zeitgleiches Dreschen nicht möglich war. Häufig halfen sich die Nachbarn, so dass die Dreschkolonne aus vielen, auch notwendigen Menschen bestand.

Dann wurde hart gearbeitet: angeben der Garben zum Dreschkasten, eingeben der Garben, abtransportieren der gepressten Strohballen und die bis zu zwei Zentner schweren Kornsäcke auf den Speicher tragen. Bei Maschinen ohne Kaffgebläse wurden meist zwei Kinder damit beauftragt die Spreu wegzuräumen.

In trockenen Zeiten erfolgte vielfach der sogenannte Felddrusch, bei dem der Getreidestapel für kurze Zeit auf dem Feld aufgesetzt wurde, bis die Dreschmaschine kam. Das Dreschen auf dem Dreschplatz, zu dem die Fuhrwerke fuhren, erfolgte, obwohl der größte Teil der Garben wegen der Nachreife in die Scheune eingelagert worden war, um den Vordrusch durchzuführen. Häufig wurde deshalb in zwei Etappen gedroschen, weil einerseits das Aufnahmevermögen der Kornspeicher für die gesamte Ernte nicht ausreichte, andererseits jeder Bauer baldmöglichst, das heißt gleich nach der Korneinbringung, Brot-, Futter- und zum Teil auch Saatgetreide erdreschen wollte.

Die Simmermacher

Wie in den anderen Mittelgebirgsregionen mußten sich viele Menschen, weil die im Wege der Realteilung erhaltenen Äcker und Wiesen zum Überleben kaum ausreichten, ein Zubrot verdienen. Im Hunsrückdorf Buch bei Kastellaun gab es um 1900 fünf Bauernfamilien, die im Nebenerwerb das Rheinische Kornmaß, das Simmer, herstellten. Dadurch wurde Buch wegen seiner Simmermacher weit über die Grenzen hinaus bekannt. Wenn auch weit mehr Menschen den Begriff Scheffel kannten, oft als Zitat verwendet, so hat das Simmer weit darüber hinaus im Rheinischen Schiefergebirge Bedeutung erlangt. Im Gegensatz zum Scheffel, der auch ein Ackermaß war, blieb das Simmer weiterhin im Gebrauch, denn die mit dem Simmer vertrauten Bauern hielten an dem traditionellen Lokalmaß fest. Eine der Familien, die bis zum II.Weltkrieg kontinuierlich das Handwerk ausübten, war die Familie Dapper. Simon Dapper hatte seit dem ausgehenden 19. Jahrhundert Hohlmaße hergestellt. Wie sein Enkel Willi Dapper berichtet, hatte der Großvater das Handwerk wohl bei seinem Vater erlernt. Von den zehn Kindern, die Simon Dapper hatte, führte nach seinem Tode sein Sohn Wilhelm das Handwerk neben einer kleinen Landwirtschaft fort. Er war als Simmermacher bis zu seinem Einberufungsbefehl 1941 tätig. Er fiel 1942. Mit dem Tod von Wilhelm Dapper endete vorerst die Geschichte der Simmermacher in Buch. Aber sie lebte neu auf, als nach dem II. Weltkrieg der gelernte Schreiner Alfons Grombein mit den üblichen Arbeiten in seiner Werkstatt nicht mehr genügend verdiente und wegen der bestehenden Nachfrage nach Simmer und Schlotten (bei Bauern und Winzern) die Fertigung der Hohlmaße aufnahm. Alfons Grombein ist offensichtlich vorbelastet, denn sein Vetter Peter Grombein soll vor dem Kriege ebenfalls Simmer gefertigt haben. Wie Helmut Grombein aus Buch berichtet, gab sein Vater 1963, zwei Jahre vor seinem Tode, die Simmerfertigung auf. Wenn auch die Fertigung eingestellt wurde, das Simmer ist in seinem Verbreitungsgebiet in vielen Bauernhäusern noch zu finden. Entstanden ist das Simmer aus der Notwendigkeit Körnerfrucht korrekt zu handeln und so gilt bei den Älteren auf dem Hunsrück noch heute: 3 Simmer – 1 Sack Roggen und 4 Simmer – 1 Sack Hafer. In den früheren Zeiten, in denen die Dezimalwaage vielfach noch nicht eingeführt bzw. unerschwinglich für den Betrieb war, waren die Maße, vor allem das Simmer, wichtig für die Abrechnung mit der Mühle (zu dieser Zeit gab es die Lohn- und Umtauschmüllerei; für Mehl- und Schrotlohn) zu der die Bauern das Korn zum Mahlen brachten. Es gab zwar unterschiedliche Simmer, aber in den einzelnen Orten waren sie gleich; eine sogenannte regionale Eichung. Somit ist davon auszugehen, daß die „örtlichen" Simmer jeweils nur lokale Bedeutung hatten und bei vorwiegender Selbstversorgung auch nur lokalen Zwecken dienten.

In Monreal wurde noch in den 1960iger Jahren Weizen und Hafer vor dem Verfüllen mit dem Simmer gemessen: hier ergaben 4 Simmer – 1,5 Ztr Weizen und 4,5 Simmer – 1,5 Ztr Hafer.

Die aus bestem Eichenholz herausgearbeiteten Bretter lagen nach der Behandlung mit einer speziellen Lösung über Nacht im warmen Backhaus, im Backes, und konnten danach über eine Walze gebogen werden.

Die Klemme gewährleistete die Rundform während der weiteren Lagerung, bis das Holzbrett so getrocknet war, daß es die Form behielt.

Auch Feldmaße wurden in dieser Zeit in der Eifel noch vielerorts nach Anzahl der Simmer an Saatgetreide angegeben, die für die Bestellung der Parzellen erforderlich sind.

Auch darüber hinaus blieb das Simmer in seinem Verbreitungsgebiet vom Sauerland über den Westerwald bis in den Taunus weiterhin im Gebrauch. Im Eifelbereich waren es die Orte Plaidt, Mayen, Brohl, Münstermaifeld, Ulmen, Monreal, wo nachweisbar das Simmer noch im 20. Jahrhundert eingesetzt wurde. Im Hunsrückbereich von Kreuznach, Zell, Trarbach, Rhens, Oberwesel, Boppard und St. Goar. Im ehemaligen Nassauer Gebiet wurde das Simmer in den Großbereichen Idstein, Frankfurt, Koblenz, Diez und Nassau verwendet.

Mit 2 PS auf Verkaufstour; Landfahrer mit ihren Fahrzeugen führten eine Vielzahl von Produkten mit und versorgten die Landbevölkerung mit allem Erdenklichen: vom emaillierten Eimer bis zum Backkörbchen.

Reffträger, Landgänger und „Hoalegäns"

In den Ferien 1956, die ich in Binsfeld/Eifel verbrachte, erlebte ich staunenswerte Fahrzeuge.

Alles was man sonst in einem Haushaltswarengeschäft kaufen konnte, all diese Sachen hingen an einem LKW. Und nicht nur an einem; in dem Ort gab es – jede Menge – davon, etwa 30 Stück. In diesen Jahren waren diese Fahrzeuge die augenscheinliche Erinnerung an eine lange Tradition; die Versorgung der Einwohner der ländlichen Orte mit Gütern, die sie selbst nicht produzierten, erfolgte durch herumziehende Händler, Hausierer und auf den Jahrmärkten. Amtlicherseits erfolgte eine positive Bewertung des Hausierhandels mit dem Argument, daß sie dem Bauern den Vorteil verschafften, sich ohne Zeitverlust zu Hause mit denjenigen Gegenständen zu versorgen, welche sie sonst nur verbunden mit größeren Kosten in weiterentlegenen Städten kaufen konnten.

Eine der ältesten Handelsformen mit Waren des täglichen Bedarfs aus dem Rheinischen Schiefergebirge, handwerklich hergestellt, dürfte die mit Steinzeug gewesen sein.

Anfangs waren es vielfach die Töpfermeister selbst, die wandernd ihre – Steinwar – vertrieben und im Nahbereich als Reffträger den Verkauf abwickelten. Weiter entfernt liegende Orte wurden mit dem Fuhrwerk angefahren, um dort die Ware von Haus zu Haus ziehend zum Verkauf anzubieten. Die Kundschaft war vorhanden, Milchkrüge und Sauerkrauttöpfe, usw., mußten ersetzt werden.

Aber auch fahrende Händler dürften so angefangen haben und wohlhabend geworden betrieben sie später das Geschäft in großem Umfang mit dem Pferdegespann.

In den Wintermonaten deckten sie sich mit neuer Ware bei den Töpfern im Kannenbäckerland ein, um dann im zeitigen Frühjahr, meist in der Osterwoche, mit Kind und Kegel über Land zu ziehen. Aus einzelnen Westerwaldorten, wie Ransbach, Baumbach und Sessenhausen, waren noch im 19. Jahrhundert etwa 2/3 der Einwohnerschaft sieben bis acht Monate im Jahr auf Achse und kehrten „an Martini" in ihre Heimatdörfer zurück. Ende des 19. Jahrhunderts ging dieser Handelszweig stetig zurück; - der Reisende mit Musterkoffer hat den herumziehenden Landgänger, der noch rief – kauft Steinwar, kauft Steinwar – abgelöst.

Geblieben aber sind die Händler aus den Eifelgemeinden Binsfeld, Landscheid und Niederkail. Deren Ursprungshandel beruhte in erster Linie auf landwirtschaftlichen Produkten und Webwaren. Mit der territorialen Neuordnung von 1815 änderten sich die Verkehrsräume des Handels und zu diesem Zeitpunkt kamen auch die Produkte der Steinzeugproduktion von Speicher/ Eifel hinzu, die bisher auf Grund der Zugehörigkeit Speichers zu Luxemburg, die Binsfelder waren kurtrierisch, nicht als Handelsware zur Verfügung standen. Glas, Porzellan und Steingeschirr, bzw. Steingut, waren zu Beginn des 20. Jahrhunderts Haupthandelsartikel, die um Korbwaren und Emailartikel ergänzt wurden. Die Fahrensleute aus der Eifel erhielten, weil sie wie die Kraniche im Frühjahr loszogen und mit diesen im Herbst heimkehrten, die Bezeichnung „Hoalegäns".

Zum Leben der Landbevölkerung gehör te neben den Feldfrüchten und de Erzeugnissen aus dem Garten auch da Obst zur Selbstversorgung. Neben der Eingekochten oder kühlgelagerten Ob dörrten in vielen Gegenden d Menschen das Obst. Auf die Obstdar gelegt, schob man das Obst in de Backofen. Bei niedrigen Temperature und nach ausreichender "Dörrzeit konnte das Obst für die nächste Zeit trockenen Räumen aufgehoben werde Gebraucht wurden die "leckeren Sachen für verschiedene Gerichte, z. Pflaumen in der Linsensuppe.

In vielen Gegenden arbeiteten die Familien in Heimarbeit und als Refftrӓger brachten sie ihre Erzeugnisse in die Dörfer; von Haus zu Haus gehend, boten sie ihre Erzeugnisse an.

Ein Löffelhändler aus dem Hochwald mit selbstgefertigten Gegenständen für den Küchenbereich. Vom Löffel über den Dampfer bis zum Klopfer hatte er alles dabei.

Von der Tischdecke bis zur Küchenschürze, alles Notwendige führte der Tuchhändler mit, wenn er – über die Dörfer – zog, und von Haus zu Haus gehend seine Ware feilbot.

Die Mitte der 30iger Jahre auf die Dörfer fahrenden "Gemischtwarenhändler" wurden allmählich zur ständigen Einrichtung mit festen Zeiten, auf die sich die Menschen einrichteten.

Mit dem Simmer unterwegs

Noch 1899 heißt es: „- aus Landscheid betreiben gegenwärtig noch 34 Familien den Hausiererhandel und ziehen jedes Frühjahr mit ihren gedeckten Wagen hinaus. Im Herbst kehren sie zurück.-" Hier wie auch im Westerwald haben die Erfolgreicheren den Handel mit Pferdefuhrwerken und weitem Handelsradius betrieben. In den Eifeldörfern haben sie dadurch zum Bild der „Hoalegäns" geführt.

Ihre Fuhrwerke waren nicht die üblichen Bauernwagen mit denen die Krugbäcker Bestellungen auslieferten, sondern es waren Kastenwagen mit seitlichen Stellagen, über die eine Plane gezogen werden konnte. Im Inneren gab es Strohsäcke als Schlaflager. Mit einem solchen Wagen kamen noch 1930 Niederkailer Händler nach Speicher, um Steinzeug zu kaufen. Ihre Reise führte vor dem I. Weltkrieg bis nach Ostpreußen, später immer noch in das Rheinland und nach Westfalen.

(Als vor dem I. Weltkrieg die Händler sich bei der Firma Westus & Gröhne in Ahlen mit Emailgeschirr für ihre langen Fahrten eindeckten, erscheint es wahrscheinlich, daß sie diese Emailartikel auf der Fahrt nach Hause auch mit in die Eifel brachten, wo andere Händler sie für den Verkauf im übrigen Teil der West- und Südeifel übernahmen.)

Aus der Vielzahl der Produkte, die von den Reffträgern über Land gebracht wurden, sind die im Hunsrückdorf Buch hergestellten Simmer von Bedeutung. Auch die Simmermacher haben ihre Produkte vorwiegend im Hausierhandel vertrieben und dabei ein weit ausgedehntes Gebiet – über den Hunsrück nach Norden hinaus bis in die Eifel und rechtsrheinisch den Taunus und über den Westerwald bis ins Sauerland – aufgesucht. Jahr- und Viehmärkte boten ebenfalls Verkaufsmöglichkeiten.

Vorwiegend waren es wohl die Frauen der Simmermacher, die mit der geschulterten Ware hausieren gingen oder mit der Eisenbahn reisten. So soll die Frau von Peter Grombein noch in den 1930iger Jahren als Fruchtmaßhändlerin bis in das Sauerland gefahren sein, wo sie die Ware von Hof zu Hof ziehend feilbot. Ihre Reisezeit begann im Herbst, wenn die Bauern nach der Ernte neue Fruchtmaße benötigten und Frau Grombein nicht mehr so stark in der eigenen Landwirtschaft belastet war; die Reisezeit endete zu Weihnachten. Die in diese Zeit fallenden Hausierfahrten dauerten 10 – 12 Tage.

Auch Simon Dapper hat seine Produkte als Wanderhändler vertrieben. Er reiste hauptsächlich in der Zeit vor der Ernte von Montag bis Freitag mit vollbepacktem Handwagen über den Hunsrück, besuchte aber auch weiter entfernt liegende Regionen und lieferte sein zweites Produkt – die Schlotten – an die Mosel und Ahr. Häufig sei er auch auf den Märkten in Bell, Kastellaun und auf dem Lukasmarkt in Mayen anzutreffen gewesen. Sein Sohn Wilhelm hat diesen Vertriebsweg mit Hausierhandel aufgegeben; auf den Märkten war er aber auch vertreten. Hauptsächlich hat er dann jedoch auf Bestellung gearbeitet und die Ware als Bahnfracht aufgegeben.

Die Fahrkuh zieht einen Kartoffelroder, der, umgebaut, zum Häufeln verwendet wurde.
Hier führt ein Junge, damit die Kuh die Reihe nicht verläßt.

Ackersegen, Sieglinde & Co.

Der Oktober stellte hohe Anforderungen an Mensch und Tier. Die Hauptkartoffelernte war in vollem Gang. Wer die Möglichkeit hatte unterschiedliche Sorten anzubauen, konnte sich die Arbeit etwas einteilen. Jeder Tag mußte gründlich ausgenutzt werden, denn es wurde schon früh dunkel und das Wetter sorgte mitunter für unangenehme Überraschungen. Deshalb hieß es alles einzusetzen, um die Kartoffelernte möglichst rasch durchzuführen.

Auf den leichteren Böden wurde gerne die Kartoffel angebaut, die nach dem 19. Jahrhundert zum Hauptnahrungsmittel aufgestiegen war.
Und so pflanzten die Bauern die Kartoffel für den Eigenbedarf und im weiteren häufig auch für den Verkauf, um die Haushaltskasse ein wenig aufzubessern.
Das vor allem in den Lagen von Eifel, Hunsrück, Westerwald und Taunus von Gesundungsgebieten gesprochen werden konnte, lag an der Witterung und den Böden, so daß häufig auch noch Saatgut an die Bauern der Tallagen abgegeben werden konnten. Hauptträger der Pflanzkartoffelvermehrung waren die klein- und mittelbäuerlichen Betriebe.
Aus diesem Grunde war es den Bauern möglich bei der Ernte schon die „Setzkartoffel" auszusortieren und sparten dabei die Ausgaben für die Pflanzkartoffeln.

Nach der Feldbestellung im Frühjahr erfolgte das Legen der Kartoffel in vorgearbeitete Furchen (Ackerschlag), entweder aus der Sackschürze oder dem Pflanzkorb, einem flachen Weidenkorb, der mit einem Riemen über der Schulter vor dem Bauch getragen oder mit der Hand gehalten wurde.
Meist wurden die Reihen mit der Hacke geschlossen, häufig aber mit der verkehrt aufgelegten Saategge. Die Erde sollte nicht zu hoch aufgelegt werden, denn ein altes Sprichwort sagt: „Die Kartoffel muß dem Menschen nachschauen können, wenn er nach Hause geht." Der Beginn dieser Pflanzarbeit war wieder höhen- bzw. klimabedingt, sowie in Abhängigkeit der einzelnen Sorten; meist aber wurden Sorten gepflanzt, die unter den Begriff Dauerkartoffel fielen; heute vergleichbar mit der Einkellerungskartoffel. Nach der Pflanzzeit galt es durch nachfolgendes mehrmaliges Hacken das Unkraut solange am Wachstum zu hindern bis die Kartoffel mit ihrem Blattwerk in der Lage war, den Boden zu beschatten und dadurch das Unkraut zu unterdrücken.
Die Kartoffel wurde zudem noch gehäufelt.
Danach hatte sie bis zur Ernte im Herbst Zeit ihre Knollen auszubilden; nur die Kartoffelkäfer mußten noch bekämpft werden, was vielfach durch das Sammeln der Käfer und der von den Larven befallenen Blätter geschah.
Die meiste Arbeit erfolgte von Hand mit der Hacke, erst der einfache Kartoffelroder ermöglichte den Einsatz von Tieren durch einen leichten Umbau schon beim Häufeln. Und zur Erntezeit erleichterte er die Arbeit, die bis dahin ebenfalls von Hand mit der mehrzinkigen Hackgabel (dem Karscht) verrichtet wurde.

Nach dem Entfernen des welk gewordenen Kartoffelkrautes wurden die Reihen aufgehackt „um die Kartoffel mit der Harke aus der Erde zu ziehen, Stock für Stock".
Sortiert nach Eß-, Setz- und Futterkartoffel in den einzelnen Körben wurden sie in Jutesäcke umgefüllt und mit dem Fuhrwerk zum Hof transportiert.

Der Anbau von Spätkartoffeln lieferte den wertvollsten Ertrag des Ackerlandes. In einer auf Selbstversorgung ausgerichteten Landwirtschaft wurde der Hauptanteil der Feldfrucht für den Eigenbedarf, für Familie und als Futter für das Vieh, benötigt. Wenn im Herbst der Rauch über den Feldern aufstieg, dann wurde das Kartoffelkraut verbrannt und die Kinder legten Kartoffeln in die Glut. Schwarz verbrannt holten sie die Kartoffel dann aus dem Feuer, brachen sie auf und verzehrten mit Genuß das heiße Innere, natürlich mit schwarzen Händen.

Sorgfältig erfolgte die Sortierung der Kartoffel schon auf dem Feld. Setz-, Einkellerungskartoffel und die kleinsten, oder auch die beim Aushacken beschädigten für die Tiere, auch Schweinskartoffel genannt.

An die Wohltat von Frühstückspausen bei der Kartoffelernte dürften sich viele Leser aus eigenem Erleben noch erinnern. Auch später als es schon gespanngezogene Kartoffelschleudern gab, war das Sammeln immer noch eine anstrengende Arbeit in unbequemer Bückhaltung.

Die Runkelrübe war die weitest verbreitete Futterpflanze für die Stallfütterung geworden. Ihr Anbau war mühsam und arbeitsintensiv und sie stellte neben der Kartoffel den wichtigsten Anteil der Hackfrüchte. Der Anbau war meist Frauenarbeit. Ein letztes Mal hacken und auch noch vereinzeln, damit die Rüben, vom Unkraut befreit, bis in den Herbst wachsen konnten.

Rübenzeit

Mehr als in den vergangenen Monaten war jetzt die Bauernarbeit im Wettlauf mit der Zeit.
Die guten Tage waren gezählt.
Nahmen die Arbeiten im Acker auch alle Gedanken und Kräfte in Anspruch, so gingen doch noch viele andere Arbeiten nebenher.
Mit der Aussaat im Frühjahr begann bei dieser Hackfrucht die arbeitsreiche Zeit.
Waren die Rüben gut aufgelaufen, mußte zum ersten Mal gehackt werden, um die Reihen unkrautfrei zu halten. Mit etwa 4 Wochen Abstand erfolgte der nächste Arbeitsgang, bei dem bereits neben dem Unkrautjäten in den Rübenreihen ausgehackt wurde, um die Vereinzelung der Rüben vorzubereiten.
Das Vereinzeln der Rüben, bei dem der ganze Rübenacker nochmals durchgehackt wurde, war der vorläufige Abschluß.
Danach bildete die Runkel, oder auch Runkelrübe, ihre großen Blätter aus, die das Unkraut weitestgehend unterdrückten.

Zusätzliches Grünfutter, beim Hacken stets gesammelt, wurde natürlich mit nach Hause genommen.

Je eine Reihe, links und rechts, herausgezogen, leicht gegeneinander geschlagen, damit die Erde abfiel und dann in Reihe gelegt. Mit dem Haumesser oder auch mit dem Spaten trennte man dann die Blätter ab.

Mit der Rübenernte setzte die Rübenblattfütterung ein, ein billiges Futter, dem aber meist Futterstroh (Haferstroh) beigegeben werden mußte, um den Durchfall der Kühe, der meist einsetzte, in Grenzen zu halten. Bei Bauernhöfen mit großen Rübenanbauflächen wurde aus diesem Grunde vielfach die Einsäuerung der Blätter durchgeführt, da die anfallenden Blättermengen, aus vorgenannten Gründen, einfach nicht so schnell zu verfüttern waren.

Besonders die Runkelrübe wurde in großen Mieten zur Überwinterung eingesetzt, weil vielfach eine Kellerlagerung nicht möglich war. In der Übergangszeit wurden in vielen Ställen die Runkelrüben in den freien Boxen bis zur Decke aufgefüllt.

Trotz demonstrativer Gelassenheit, gegenüber dem Fotografen, die Rübenernte im Spätherbst, oft bei regnerischkaltem Wetter, war eine schwere Arbeit.

Schneeverwehungen in den Höhenlagen des Westerwaldes waren in den 20iger Jahren, auch ohne Motorpflug und ohne Salz kein Problem. In den landwirtschaftlich geprägten Regionen standen im Winter genügend "Schaufelschwinger" bereit, sich ein paar Mark hinzuzuverdienen.

Winter auf den Höhen

In den Erinnerungen an das, was die „Alten" erzählten, spielen vor allem die extremen Winter eine große Rolle.

Und heute ist es kaum noch nachvollziehbar, daß sich die Folgen abnormer Temperaturverhältnisse ehemals viel mehr als heute bemerkbar machten. Neben den heißen oder gar nassen Sommern waren es die harten Winter, die die Menschen in Erinnerung behielten; wo die Flüsse zufroren und selbst schwerste Gespanne die Eisfläche gefahrlos überqueren konnten.

Zu den Erinnerungen zählen natürlich die Eisblumen an den Fenstern, wenn man morgens aufstand und die Glutreste im Küchenofen zum Feuer anfachen mußte. Warmes Wasser gab es eben nur, wenn der Ofen richtig Wärme brachte; entweder aus dem Schiffchen oder aus einem Topf. Und kalt war es morgens, obwohl wollene Decken das untere Drittel der Fenster schützte. Waren die Winter sehr schneereich, so blieben sie besonders in Erinnerung; sie waren am arbeitsreichsten. Trotzdem hatten diese Winter einen hohen Erinnerungswert; abends saß man im Scheine einer Petroleum-Lampe zusammen - auf die Bratäpfel im Ofen wartete man sehnsüchtig -, um dann sofort die Backsteine in den Ofen zu setzen, damit sie als Bett- oder Fußwärmer das Zubettgehen und Einschlafen leichter machten. Auch vor dem Viehstall war dann der Winterschutz nötig. In vielen Gebieten der Höhenlagen gehörten einstmals zum Winterbild eines Dorfes die selbsthergestellten Strohtüren; vor den zweiteiligen Haus- und Stalltüren. Und die in manchen Ställen bis zur Decke liegenden Runkelrüben erleichterten die Versorgung des Viehs.

In den hochgelegenen Landesteilen von Westerwald, Hunsrück und vor allem der Eifel waren die Wetterzeichen immer sehr deutlich; Bäume, Hecken und Wälder trugen deutlich die Spuren der herrschenden Windrichtung und die Bewohner suchten durch tiefhinabreichende Dächer Schutz vor der Unbill des Wetters. Den gleichen Zweck erfüllten in der Eifel die auf der Wetterseite der Gehöfte angepflanzten und sorgfältig gepflegten Hainbuchenhecken. In diesen Höhenlagen lautete im Winter der nachbarschaftliche Gute-Nacht-Gruß,, – Laß das Feuer über Nacht nicht ausgehen –,,.

Und so waren es vor allem die Hochebenen, auf denen die Winterstürme den Schnee haushoch emportürmten und das Land unter seiner Decke begraben wurde.

Und in dem Roman "Das Kreuz im Venn" sagt Clara Viebigs Romanfigur:

"Sicher, der Schnee lag oft fast so hoch wie die Hecke, und wenn er recht ruhig und gerade herunter fiel, dann stopfte er die Lücke zwischen Haus und Hecke dicht zu, dann sah man nichts mehr aus den Fenstern; dann wurde es ganz dunkel im Haus, man mußte Licht brennen den ganzen Tag; und morgens konnte man die Tür nicht aufkriegen, so sehr man auch dagegen stemmte und stieß."

Auch im Hunsrück war in den 30iger Jahren des letzten Jahrhundert das Freischaufeln der Wege von Dorf zu Dorf noch Handarbeit, an der sich die meisten der Männer allmorgentlich beteiligten, da oftmals die rauhen Winde die Wege über Nacht wieder zugeweht hatten.

Die einfachsten Dinge waren im Winter für die Kinder die Wichtigsten. Lag draußen genügend Schnee, so hielt es sie nicht in der mollig warmen Stube. Schlittenfahren, Schneemannbauen und Schneeballschlachten; bis die Wangen glühten.
Aber abends, im Kreise der Familie, waren sie still, wenn die „Alten" Spukgeschichten erzählten. Vor allem in der Zeit der Rauhnächte, auch Lostage, pflegten die Altvorderen sich durch tätiges Brauchtum vor dem „Bösen" zu schützen, denn nach uraltem Glauben trieben in den Nächten dieser zwölf Tage Winterdämonen ihr unseliges Spiel um Haus und Hof. Um die Geister nicht aufzuwecken wurde tagsüber nur das Notwendigste gearbeitet.
Gestützt auf solch überlieferte Vorstellung waren diese Tage auf dem Lande eine geruhsame und stille Zeit.

Zwei schöne Tiere: eins für die Selbstversorgung und eins fürs Portemonnaie.

Viehhändler fuhren von Hof zu Hof und kauften schlachtreife Tiere ein. Neben der Eigenversorgung kam so noch ein wenig Bargeld in Haus.

...., und morgen gibt es „Wurschtsupp"

Der entscheidende "Kopfschlag" war getan. Zur Herstellung der Blutwurst benötigte man das Blut des Tieres. Es wurde nach dem Abstechen in einem Eimer aufgefangen, und solange gerührt, bis es nicht mehr gerann.

Nun war der große Tag gekommen. Alle warteten gespannt auf den Schlachter. Seit Stunden wurden die Vorbereitungen getroffen; der Kochkessel war in den frühen Morgenstunden mit Schanzenholz angefeuert worden, um das Wasser zum Kochen zu bringen, die Brühbütte und die Leiter herbeigeholt und die Kette mit dem Sielscheid. Die ganze Familie war beschäftigt.

Wenn die Kinder wieder „raus" durften, war der entscheidende Schlag schon getan; die Axt lehnte wieder an der Wand. Alle miteinander wuchteten das seitlich auf der Leiter liegende Tier auf die Bütte. Nach dem anschließenden Abstechen sowie Auffangen des Blutes wurde das Schwein wiederholt abgebrüht, damit sich die Borsten besser ablösen ließen. Unterdessen mußte eins der Kinder das Blut rühren. Danach wurde das Sielscheid an den Sehnen der Hinterbeine eingehakt und an der Leiter angebunden. Anschließend packten kräftige Hände zu und stellten die Leiter gegen die Wand. Nach dem Öffnen der Bauchhöhle erfolgte das Herauslösen der Innereien. Därme, Magen usw. wurden in einem flachen Korb aufgefangen Am gleichen Tag kam der Fleischbeschauer, kontrollierte unter dem Mikroskop Fleischstücke und Innereien und drückte bei Unbedenklichkeit dem Schwein mehrfach einen Stempel zur Markierung auf.

Über Nacht „hing das Schwein ab" und am nächsten Tag erfolgte das Zerteilen. Dies geschah meist im Freien. Die herausgelösten Schinken legten die Männer in die Pökelwanne, ebenso die Speckseiten. Herausgelöstes Fett ergab das Griebenschmalz und wurde in Steinguttöpfe gefüllt. Mittags gab es ein Festessen. Bis in die späten Stunden waren alle im Einsatz. Der Kochkessel stand wieder unter Feuer und in dem heißen Wasser kochten die Blut- und Leberwürste; und da die Kinder sich um das Feuer kümmern mußten, „besserten" sie die abendliche Wurstsuppe geschmacklich etwas auf und in der Küche ging es rund: schneiden, auslassen, einkochen, und trotzallem zufriedene Gesichter, aber fettige Hände.

Nach dem Brühen erfolgte das Schruppen der Haut, um die Borsten zu beseitigen. Auch die Hornkuppen der Füße wurden abgezogen. An den Hinterbeinen wurde die Achillessehne freigeschnitten und das Sielscheid eingehangen.

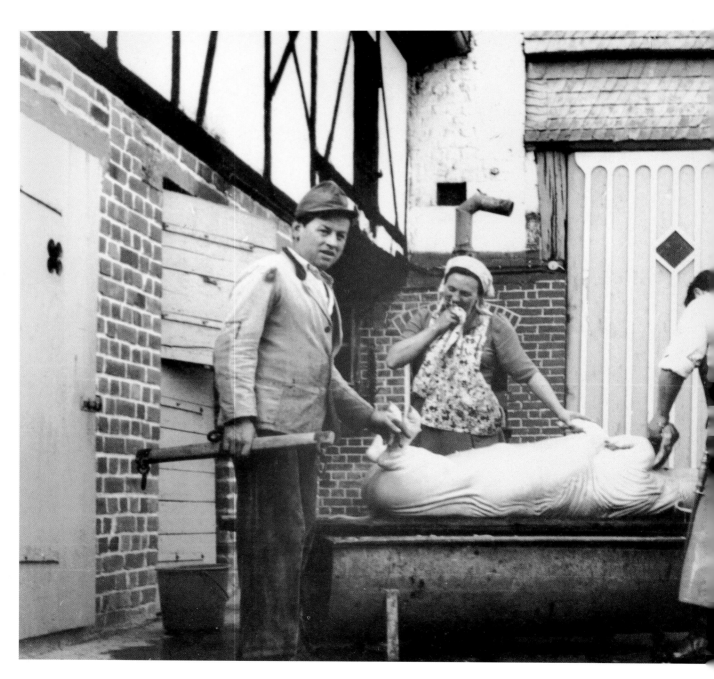

Nach Öffnung der Bauchhöhle des aufgeleiterten Schweines erfolgte das Herauslösen der Innereien.

An den schwer zugänglichen Stellen entfernte der Metzger die restlichen Borsten und bereitete alles zur Zerteilung vor.

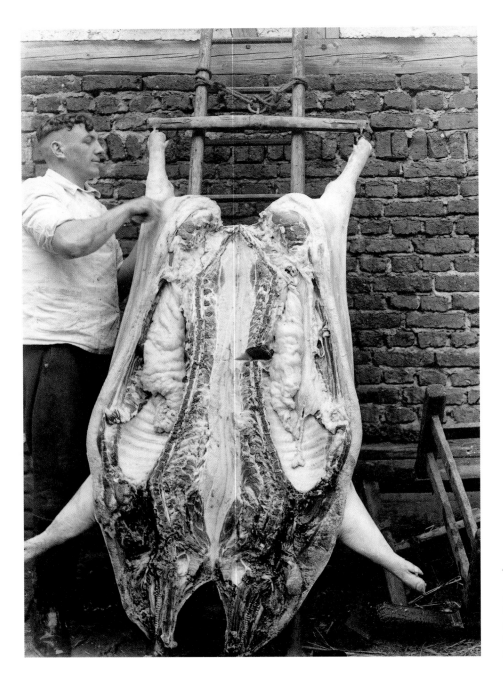

War zusätzlich ein Rind geschlach worden, so erfolgte das Zerteilen auch Freien. Das Fleisch beider Tiere erg oftmals erst die Möglichkeit verschie ne Wurstsorten herzustellen.

Brennholz und Schanzen

Die auf Meterlänge geschnittenen Buchenstammstücke wurden mit der Axt angeschlagen und durch kräftige Schläge auf die Holzkeile gerissen. Stammholz, Knüppel und Schanzen wurden getrennt aufgesetzt.

Einen Baum ließen die Männer stehen, neben der Mast auch für die Tiere. Oder aber es war eine gutgewachsene Eiche, die noch ein paar (!) Jahre brauchte.

Brennholz wärmt dreimal, sagt der Volksmund:

einmal beim Fällen, beim Heimfahren und Spalten, und im Ofen. Trotzdem stellten die Männer die Flasche zum Aufwärmen in die Glut, während nebenan das nächste Feuer brannte, das in der Winterzeit ein wenig wärmte.

Mit dem Fuhrwerk holten die Familien das Holz aus den Schlägen und dreispännig (!) ging es dann mit schwerer Last nach Hause.

Nach dem Fortschaffen des Lang- und Meterholzes erfolgte die Knüppelholzabfuhr aus dem Wald. Die sehr hoch und breit ausladenden Wagenladungen wurden dann auf die Hofplätze gefahren und dort entladen.

Oftmals waren die Wege aus den Wäldern weit und das mehrspännige Gefährt war, einschließlich der Ladezeit im Wald, vielfach den ganzen Tag unterwegs.

Mit den letzten Fuhren erfolgte das Heimholen der Schanzen. Diese sperrigen Bündel füllten recht schnell die Ladefläche und oftmals waren mehrere Fahrten notwendig.

Brot aus dem Backes

In fast jedem Ort gab es ihn, den Backes, das Gemeindebackhaus. Als Gemeinschaftseinrichtung war es aus dem alten Dorfbild nicht wegzudenken, auch um Brennholz zu sparen.
Diese Steinbacköfen wurden in aller Regel von den Backofenmachern speziell nach den Wünschen oder Erfordernissen der Gemeinde aus vorgefertigten Tuffsteinen im Ort errichtet; die Gemeinde war für das Haus zuständig.
Nun zum Backen im Steinbackofen.
„ Mal grad zum Bäcker um die Ecke gehen und Brot einkaufen." Fehlanzeige! Backen begann auf dem Kornspeicher mit dem Einfüllen des Roggens in einen Jutesack, der dann mit dem Fuhrwerk oder Handwägelchen zur Mühle gebracht wurde; nach einer guten Stunde konnte das Mehl mitgenommen werden.
Vielfach holten die Müller das Korn jedoch bei den Bauern ab und brachten das Mehl mit dem Fuhrwerk in das Dorf und luden bei den Bauern die Mehlsäcke an der Haustür ab. In vielen Bauernhäusern hatte der Küchentisch eine Backmulde; durch Hochklappen der Tischplatte konnten dann die Vorbereitungen zum Backen getroffen werden, die bereits am Abend vor dem Backtag mit der Zubereitung des Sauerteigs begann. Der Ansatzteig und das frisch gemahlene Roggenmehl, mit Wasser, Milch und Salz versehen, wurde in dem Backtrog intensiv durchgemischt. Die in der Küche herrschende Temperatur mußte nun über Nacht zum Säuern konstant gehalten werden. So geschah es in dieser Nacht in vielen Häusern vor dem Backtag, denn so ein Gemeindebacktag mußte vorbereitet werden.

Tags zuvor begann es mit der Auslosung der Reihenfolge der Backzeiten, die jedem Haus zustanden; in vielen Orten mittags um 12 Uhr. Waren Männer zur Auslosung dabei, ging der Hut rund, ansonsten erfolgte das Einsammeln der Kennzeichen in einer Schürze und die Kinder konnten die Lose ziehen.
Besondere Regeln gab es nicht, außer wenn es zwei Backöfen im Backes gab. Dann buk das „Oberdorf" im linken und das „Unterdorf" im rechten Ofen. Halbjährlich erfolgte dann der Wechsel.
Wer zuerst anheizen mußte, hatte den größten Holzverbrauch und nicht nur das, er mußte auch drei bis vier Stunden früher heraus, um den kalten Ofen auf Backtemperatur zu bringen. In den frühen Morgenstunden wurde der Teig noch mal kräftig durchgeknetet, vielleicht auch noch etwas Mehl hinzugegeben, bis sich einigermaßen formstabile Brotlaibe herstellen ließen. In Tüchern eingeschlagen trugen die Frauen den Brotteig in den Backes und formten dort die Brote, mal von Hand, vielfach auch mit Brotkörbchen, die sie bei Fahrenden Händlern erworben hatten. Je nach Familiengröße, z.B. sieben Personen und für 14 Tage waren es ca. acht Brote, die so aus dem Teig geformt wurden. In der Zwischenzeit hatte der Steinofen die erforderliche Temperatur erreicht. Noch glühende Holzreste und die Asche, die auf der leicht steigenden Backfläche im Ofeninneren lagen, wurden mit dem Kratzer aus dem Ofenmundloch herausgezogen und mit einem Guß Wasser abgelöscht. Danach wurde der Ofen mit einem angefeuchteten Besen ausgekehrt und das Brot konnte mit dem Brotschieber eingelegt werden.

Etwa 700 Mühlen gab es im gesamten Gebiet des Rheinischen Schiefergebirges. Selbst an kleineren Bächen gelegen waren sie unentbehrlich für die auf Selbstversorgung eingestellten Menschen.

Hatten die Mühlen ein größeres Einzugsgebiet, so übernahm der Müller mit seinem Gespann den Korn- und letztlich auch den Mehltransport, von Dorf zu Dorf fahrend.

Eigentlich schade, daß es das Backes oder auch den Backes nicht mehr gibt, der Treffpunkt der Einwohner war. Wo anders als beim Backes hatte man sonst die Neuigkeiten erfahren.

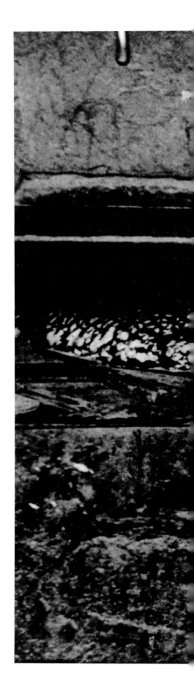

Das Hantieren mit dem Brotschieber, um die Brote aus dem Ofen zu nehmen, war meist Frauenarbeit. Wie sehr das Brot zu den wichtigsten Grundnahrungsmitteln zählte, sagt der im Volksmund oft zitierte Spruch:
"Kein Brot im Haus, zieht der Friede aus."

Unter das schwere Brotbrett legten die Frauen einen Kopfschutz, häufig auch Kitzel genannt, damit sie die schwere Last nach Hause tragen konnten.

ch auf der Futterkarre konnten Brot
d Kuchen transportiert werden, wenn
r Weg nach Hause zu lang war.

In der etwa 1,5 – 2 stündigen Backzeit, die sich nach der Brotlaibform richtete, wurde der Backofen verschlossen gehalten. Auch in früherer Zeit aß das Auge mit und so nahmen die Frauen die Brotlaibe kurz vor Ende der Backzeit aus dem Ofen, bürsteten die Oberseite mit der nassen Backbürste ab und schoben sie für weitere fünf Minuten wieder in den Ofen. Die auf diese Weise erzeugte – Glanzkruste – ließen die Brote schmackhafter aussehen.

Nach dieser Zeit erfolgte das Herausziehen der Brote wieder mit dem Brotschieber und jede der Frauen hatte dann ihre eigene Methode die Brote nach Hause zu bringen.

Jetzt zeigte sich das Losglück. Die zweite Familie benötigte bei der noch herrschenden Backofentemperatur weniger Schanzenholz und weniger Zeit, um den Ofen erneut auf die Backtemperatur zu bringen. Standen große Feste an, z.B. die Kirmes, so steuerte jeder seinen Teil Holz bei, um dann gemeinschaftlich den Kuchen zu backen.

Auf dem Weg zum Backes.
Den Sonntagskuchen vor sich hertragend war es Aufgabe und Hilfe zugleich, wenn die Kinder beteiligt wurden; damals normaler Alltag.

Lange Fichtenholzstämme wurden meist vor Ort von Hand besäumt und dann als Sparren beim Dachaufbau verwendet. Zu einer Zeit als noch kein Holzschutzmittel eingesetzt wurde, hatte der Holzwurm viele der Dachhölzer befallen.

Erfahrung und ein gutes Auge brauchte man, um mit der Zimmermannsaxt die Stämme zu behauen. Als stabile Auflage diente oft der Holzsägebock.

Die Axt im Haus ...

Die Frühjahrsaktivitäte des Maulwurfs in de Wiesenfluren waren ur übersehbar. Um im Früh sommer die Mäharbeite durchführen zu können mußten diese Maulwurf hügel mit der Wieser schleppe eingeebnet wer den.

Mit der Wiesenwal konnte der durch Fro aufgelockerte Wiesenb den und die Wurzeln d Pflanze gefestigt werde.

Vergeßt die Wiesen nicht

Nach dem Heuschnitt erhielt die Wiese, meist bei verhangenem Himmel oder leichtem Regen ihre erste Düngung; durch das Ausbringen der Jauche. Das hölzerne Jauchefass (auch Puddelfass genannt) wurde auf dem Hof durch eine Pumpe mit Schwenkrohr gefüllt.

Mit schwerer Last ging es hinaus oder auch hinauf aufs Feld.

Durch Öffnen des Auslaufhahnes floss die Jauche in einem breiten Strahl auf die Wiese. Gleichmäßiges Ziehen der Zugtiere war wichtig.

Der Tag begann wie jeder andere; zuer
war der Stall „dran", füttern, melken, au
misten, kurz gesagt, die Tiere versorgen.
Die Milchkannen mußten zum Abhole
bereitgestellt werden.
Vielerorts gingen die Frauen auch zur Frü
messe, um neben der Essenszubereitung noc
die vielen Kleinigkeiten zu erledigen, auc
um den Rest der Familie für das Hocha
anzukleiden.
Wenn es sich einrichten ließ, ging die Famil
geschlossen in die Messe; während danac
die Jugendlichen sich noch zusammenfa
den, die Männer noch auf ein Bier in d
Wirtschaft gingen, machten sich die Frau
auf den Heimweg.
Nicht alle Dörfer hatten um die Jahrhunder
wende eine eigene Kirche und so waren hä
fig die Wege zum Nachbardorf recht zeitau
wendig.
Nach dem Mittagessen, es war schließli
>Ruhetag<, setzten sich die Frauen bei sch
nem Wetter vors Haus, die Männer legt
sich aufs Ohr oder gingen mal nach de
Acker schauen, die älteren Kinder kümme
ten sich um den jüngeren Nachwuchs. H
und wieder ging die ganze Familie ins näc
ste Dorf auf einen Sonntagsspaziergang, d
allerdings nicht allzu lange ausgedeh
wurde; am frühen Abend wartete wiederu
der Stall – füttern, melken und misten.
Oftmals begannen Sonntagabend die Vorb
reitungen für den Waschtag, der je na
Familiengröße (es wohnten meist drei Gen
rationen unter einem Dach) dann auch zw
Tage in Anspruch nahm.

Der Sonntag auf dem Lande

Auf dem Weg vom Hochamt nach Hause - der Milchkutscher hatte zwischenzeitlich seine Tour gemacht - nahm die Bäuerin die Kanne wieder mit.

Ein Bild fast schon mit Seltenheitswert - eine Bauersfamilie im Sonntagsstaat auf ihrem Feld, wo häufig der Spaziergang langführte; eine besondere Form bäuerlicher Tradition - nach dem Felde schauen.

Sonntagnachmittag im Dorf.
Ein Glück für die Kleinsten im Kinderwagen, daß sie von ihren Schwestern geschoben wurden. Bei Jungens wäre es irgendwann wohl zum Kinderwagenrennen gekommen.

>Die Hände in den Schoß legen< gab es auf dem Lande nicht. Zu allen Stunden gab es genügend zu tun und so unterschieden sich die Sonntagsstunden schon von den anderen Tagen. Die notwendigen Arbeiten mußten erledigt werden, ansonsten aber war der Sonntag heilig.
In der dörflichen Ruhe konnten sie ihren sonntäglichen Plausch vor dem Haus in der Sonne genießen.

Mit einem einfachen, speziell geformten Spaten, dem Stech, stachen die Männer die Tonschollen aus dem Tonlager. Mit der Hacke gelöst, konnten sie dann abtransportiert werden.

Zum Tonstechen in die Gruben

Neben Speicher und Binsfeld in der westlichen Eifel gab es weitere Tongruben im östlichen Teil, z.B. Mülheim-Kärlich, Kruft, Lantershofen bei Bad Neuenahr-Ahrweiler und die vielen Gewinnungsstätten im Westerwald. Für Außenstehende gab es mehr oder weniger nur die Zentren der Verarbeitung; was Höhr-Grenzhausen für den Westerwald darstellt, ist für die Westeifel Speicher. Beide Tonverarbeitungszentren haben ihre Wurzeln in der Zugehörigkeit zu unterschiedlichen Herrschaftsbereichen in alter Zeit. Die Speicherer hatten uralte Verbindungen nach Holland, wo sie ihre aus Ton gefertigten Erzeugnisse absetzten, während die Westerwälder meist ihren Ton über Vallendar nach Holland verkauften, und im 19. und im 20. Jahrhundert versorgten natürlich die Fahrenden Händler auch das ganze Rheinische Schiefergebirge mit ihren Erzeugnissen.

Pferdefuhrwerke brachten die Tone an die Bahnhöfe, von wo aus sie zu den Produktionsstätten in ganz Deutschland und auch in das europäische Ausland oder gar nach Übersee gebracht wurden oder der Transport erfolgte direkt zu den Töpfern.

Bis zu 40 Männer arbeiteten in einer Grube. Jeder einzelne von ihnen förderte zwischen 5-6 Tonnen Ton pro Tag, alles in Handarbeit. Gearbeitet wurde das ganze Jahr, nur harter Frost verhinderte die Förderung.

Allerdings blieben die Gruben häufig leer, wenn die in landwirtschaftlichem Zuerwerb arbeitenden Männer insbesondere zur Heuernte und auch zur Getreideernte zu Hause auf ihrem Land arbeiteten. Auch zur Kartoffelerntezeit blieben sie häufig der Grube fern, so daß auf den Gruben oft nur eine kleine Mannschaft war.

Die Schule in den 30iger Jahren

Als diese Kinder zur Schule gingen, gab es längst keine Soldatenlehrer mehr, wie sie im 19. Jahrhundert noch in vielen Landesteilen eingesetzt wurden, sondern geschulte Lehrkräfte. Der geregelte Schulalltag vollzog sich auf preußisch exakte Weise.

Sicherlich gab es Schwierigkeiten mit den Eltern, wenn diese damals noch meinten, während der Hauptbestell- und Erntezeiten von Ostern bis in den Herbst hinein nicht auf die Hilfe der vielen kleinen Hände verzichten zu können. (Dennoch gab es damals z.B. die verlängerten Herbstferien, auch Kartoffelferien genannt.)

Das die Schule kein politischer Freiraum war, wurde besonders in den 30iger Jahren deutlich, als der Tagesgruß der Klasse „Guten Morgen, Herr Lehrer" durch eine Ehrenbezeugung an den neuen Führer abgelöst wurde. Das Morgengebet mußte einer Morgengymnastik weichen und auch die Unterrichtsinhalte, besonders in Geschichte, wurden je nach Einstellung des Lehrers häufig sehr schnell der neuen Sicht angepaßt. Ansonsten aber waren die Schüler um nichts besser oder schlechter als die Schulgenerationen vor ihnen gewesen waren und nachkommende es gewesen sind. Natürlich benahmen sich die Landkinder, geprägt durch ihr dörfliches Umfeld, so wie sich ihnen die Möglichkeiten boten. Feld und Scheune boten großartige Spielplätze, wenn sie die freie Zeit hatten.

Ein Blick in eine Volksschulklasse. Alle Schuljahre, vom i-Dötzchen bis zum 8-Klässler. Damals gab es sie noch: die Dorfschule.

1940, Neuzugang!

1931; ob die Kinder in diesen Tagen noch Holz mit in die Schule genommen haben, bleibt offen. Aber es war Leben "in der Bude". Offen bleibt auch, ob es eine sogenannte zweizügige Schule war mit vormittags für 5. - 8. Schuljahr und nachmittags für 1. - 4. Schuljahr Unterricht.

Die Alten auf dem Lande

Zu einer Zeit, als die Generationen noch zusammenlebten, hatten die Alten ihren Platz im täglichen Leben.

Zwar sorgen heute Bauern- und Betriebsrenten sowie andere Formen unseres Staates dafür, daß alte und in Not geratene Menschen mindestens ein Dach über dem Kopf haben. Dennoch leben gegenwärtig viele der älteren Menschen herausgelöst aus ihrem sozialen Umfeld oft in Heimen.

In vielen dörflich, landwirtschaftlichen Betrieben genießen die Alten allerdings auch heute noch ihren Ruhestand in der gewohnten Umgebung. In den frühen Jahren des letzten Jahrhunderts zogen sich die älteren Generationen meist aus der Hauptverantwortung für den Betrieb und die Großfamilie zurück, und nach der Hofübergabe verpflichteten sich die Jungen für die Alten zu sorgen und sie zu pflegen.

>Wenn sich die „Altenteiler" klugerweise mit wohlgemeinten Ratschlägen und Einmischungen zurückhalten konnten, und damit den jungen Leuten in jeder Beziehung eigene Erfahrungen möglich machten, dann war den häufig aufkommenden Generationsproblemen bereits die Spitze genommen.

Später, wenn die Enkelkinder ihren Omas und Opas zuwuchsen, weil die jungen Eltern voll im Arbeitsstress standen, verbesserte sich das Miteinander der Generationen noch weiter. Unendlich wichtig war den Ruheständlern jedoch stets das sie neben der familiären Einbeziehung noch im Betrieb gebraucht wurden. Sie wollten sich gerne ihren Kräften angemessen nützlich machen. Die Abstimmung zwischen den Generationen gestaltete sich oft sehr harmonisch. Es darf jedoch ebenfalls nicht verschwiegen werden, daß in wenigen Fällen schlimme Konflikte jahrzehntelang ausgesprochen unschön ausgetragen wurden. <

Oma, was machst du da? Es gibt seh[r] viele Bilder, die die Zuneigung zwische[n] den Großeltern und ihren Enkeln doku[-] mentieren. Die erste Zeit war es die Oma[,] der die Zuneigung gehörte und hinter de[r] die Kleinen herliefen oder der si[e] zuschauten; die sie auch mal auf den Ar[m] nahm und tröstete. Größer geworde[n] wandten sie sich den Großvätern z[u,] diese lehrten sie basteln, brachte ihne[n] bei, wie aus Weidenruten ein Pfeifche[n] wurde und schenkte ihnen ein Tasche[n]messer. Natürlich liefen die Kleinen de[n] Großeltern den ganzen Tag um die Bein[e] herum; beim Füttern oder beim Gang a[uf] die Felder.   Insgesamt bewiesen d[ie] "Alten" viel Geduld, wenn ihnen d[ie] Kleinen Löcher in den Bauch fragte[n,] *warum, warum, warum.*

1 Haus und Garten war Hilfe vonnöten.
ele Kleinigkeiten, zeitaufwendig, erle-
gten die Alten. Zu einer Zeit, als noch
appes gehobelt und Sauerkraut selbst
rgestellt wurde, Bohnen und Speck
ne Hauptmahlzeit darstellte, diente der
arten zur Selbstversorgung.

Häufig übernahmen die Al[t]
bauern nach Übergabe de[s]
Hofes die vielen kleinen une[r]
läßlichen Arbeiten, die i[m]
Betrieb und auf den Felder[n]
anfielen. Dazu gehörte da[s]
Ausbessern der Weideumzä[u]
nungen, die Hilfe bei de[r]
Stallarbeit, Holz zerkleiner[n]
und Instandsetzen von A[r]
beitsgeräten.

Selbst gesponnen, selbst ge[m]acht, ist die beste Bauern[tr]acht –

[W]ährend um 1880 noch über [1]00.000 ha Flachs im Deutschen [R]eich angebaut wurden, redu[zi]erte sich nach der Jahrhundert[w]ende bis zum Ersten Weltkrieg [h]in die Gesamtanbaufläche we[g]en starker Faser- und Baum[w]ollimporte auf ca. 15.000 ha. In [d]en Endzwanzigern verschwand [de]r Flachs fast gänzlich aus dem [A]nbausortiment der landwirt[sc]haftlichen Nutzpflanzen.

[A]ber 1933 wurde jedem deut[s]chen Bauern von der national[so]zialistischen Regierung aufer[le]gt, eine auf die Hofgröße abge[sti]mmte Fläche mit Flachs anzu[ba]uen, damit der Reichsbedarf [an] Fasern und Leinöl durch [Ei]generzeugung gedeckt werden [k]onnte.

[A]nfang der Dreißiger Jahre [sa]ßen die Frauen zu Winter[an]fang wieder am Spinnrad mit [de]n aufgesteckten Flachswocken.

Geschickte Hände an der Ziehban
Mit zunehmendem Alter un
schwindenden Kräften verlagerte
die alten Männer im Dorf notwen
digerweise ihre Tätigkeitsbereich
Wenn sie handwerklich geschic
waren, banden oder flochten sie d
Kartoffel- oder Wäschekörbe, ba
den Reisigbesen und stellten Stie
für die Gabeln oder Hacken her.
Wenn, wie hier, mit viel Geschi
und Muße praktische Haus- u
Hofzubehörteile hergestellt wu
den, dann darf man wohl davo
ausgehen, dass diesem "Alten" se
Selbstwertgefühl erhalten blieb.

Band I
ISBN 3-9807167-1-6
Damals – dieses Wort weckt Erinnerungen. Im ersten Band beschreibt der Autor neben Heu- und Kornernte, Pflügen, Waschtag, auch das tägliche Melken und erinnert an die Viehmärkte.

Band III [in Vorbereitung]
ISBN 3-9807167-2-4
In Band III beschreibt der Autor das Leben mit der Fähre, lässt den Heimatschriftsteller Albert Bauer über die Lohe berichten und den Winzer 17x um den Weinstock gehen.

Weiterhin lieferbare Bücher des gleichen Autors:

Tongräber im Westerwald   ISBN 3-9804790-1-3

Menschen unter Tage   ISBN 3-00-003393-9
im Westerwälder Tonbergbau

Verlagsanschrift:
Verlag Veronika Mayen
Eichenweg 1
56427 Siershahn

Fax 02623-951818

Liebe Leserin, lieber Leser,
bitte kleben Sie diesen Quellennachweis in Ihr Buch ein.

Quellennachweis:
Die Informationen über Handwerk und Handel der Simmermacher in den Kapiteln "Die Simmermacher" und "Refftträger, Landgänger und Hoalegäns" basieren auf:
Michael H. Faber: "Sümmermacher" in Buch/Hunsrück. Hrsg. v. Landschaftsverband Rheinland, Rheinisches Freilichtmuseum für Volkskunde, Kommern 1992.
Im Rheinischen Freilichtmuseum Kommern ist diesem Thema eine Ausstellung gewidmet.